Heinrich Jürgens

Die Wünschelrute und ihr Gebrauch

Heinrich Jürgens

Die Wünschelrute und ihr Gebrauch

Verlag Hermann Bauer
Freiburg im Breisgau

Die Deutsche Bibliothek – CIP-Einheitsaufnahme

Jürgens, Heinrich:
Die Wünschelrute und ihr Gebrauch /
Heinrich Jürgens – 10. Aufl. –
Freiburg im Breisgau : Bauer, 1994
   ISBN 3-7626-0057-0

10. Auflage 1994
ISBN 3-7626-0057-0
© by Verlag Hermann Bauer KG, Freiburg im Breisgau
Alle Rechte vorbehalten
Druck und Bindung: Ebner Ulm
Printed in Germany

Inhalt

VORWORT

Sehr stark sind immer wieder die Fragen nach einem kleinen, kurzen Abriß über die Praxis der Wünschelrute hervorgetreten. Es gibt große Werke, die sich mit diesem Thema befaßt haben, doch haben sie meistens den Nachteil, daß sie die ganze Sache zu kompliziert gestalten und dem einfachen, im Tagesdasein verankerten Menschen zu geringe praktische Handhaben bieten, nach denen er sich richten und seine Übungen vornehmen könnte.

Aus diesem Grunde hat der Verfasser im vorliegenden Büchlein versucht, in kurzer, klarer Linie die Praxis der Wünschelrute jedem Suchenden vor Augen zu führen und ihn anzuregen, sein eigenes Können zu versuchen. Vielleicht wird der Leser dadurch so weit gelangen, daß er seine in ihm schlummernden Fähigkeiten entdecken und zur praktischen Auswirkung bringen kann. Wenn dieses Ziel durch das vorliegende Werkchen erreicht wird, so hat es seinen Zweck erfüllt.

Einführung

Die Wünschelrute, die dem Menschen zum Auffinden von Quellen und Wasseradern, von Erzen und anderen Geheimnissen unserer alten Mutter Erde dient, ist so alt wie die Menschheitsgeschichte überhaupt. Bis in die graue Vorzeit läßt sich dieser Gebrauch des sogenannten „Magischen Reis" zurückverfolgen. Wenn wir zum Beispiel in der Bibel lesen, daß Moses mit einem Stab gegen den Felsen schlug, aus dem dann Wasser herauskam, so ist sicher, daß es sich hier um nichts anderes als eine Wünschelrute handelte, die auch schon Moses zu gebrauchen wußte.

Vor allem auch im Mittelalter ist die Wünschelrute in hohem Ansehen gestanden. In jener Zeit gehörte die Wünschelrute zum Werkzeug des Bergmannes und diente der Auffindung neuer Erzvorkommen.

Man verachte darum die Wünschelrutengänger und die dem Feinen Nachforschenden nicht! Daß die Wünschelrute in unserer materiellen Zeit in Mißkredit gekommen ist, darf nicht verwundern. Wenn Widerspruch und Verunglimpfung eine Sache aus der Welt schaffen könnten, dann gäbe es schon lange keine Wünschelrutengänger mehr. So geht aber das Forschen um die feineren Kräfte im Menschen und ihrer Auswirkungen immer weiter, und eine einmal als Gesetz erkannte Tatsache macht weiteren Erkenntnissen Platz, die ihrerseits zur Auffindung neuer Naturgesetze immer feinerer Art führen.

Es kann jedoch nicht die Aufgabe dieses kleinen Büchleins sein, zum perfekten Rutenmeister auszubilden, dazu ist die Materie viel zu differenziert. Es soll vielmehr als erste Anregung dienen, um überhaupt einmal prüfen zu können, ob die Fähigkeit dazu vorhanden ist, bzw. was getan werden muß und kann, um diese Fähigkeit zu entwickeln. Betonen möchte ich, daß an alle Experimente mit Ernst und Verantwortungsbewußtsein herangegangen werden soll. Nichts schadet unserer Sache mehr, als wenn wir durch voreilige Schlüsse falsche Ergebnisse erzielen. Das führt dann dazu, daß von Außenstehenden und Skeptikern — von den direkten Gegnern ganz abgesehen — alles als Schwindel und die Rutengänger als Scharlatane und Betrüger bezeichnet werden.

Es liegt daher an uns selbst, die Zweifler durch echte Resultate zu überzeugen. Das ist aber nur möglich, wenn wir wissen, zu welchen Zwecken die Rute benützt werden kann, was sie imstande ist auszusagen und wo ihre Grenzen liegen. Die Grundvoraussetzung dazu ist unbedingte Ehrlichkeit und strengste Selbstkontrolle.

Wer ist zum Rutengänger befähigt und wie kann man sich daraufhin prüfen?

Diese Fähigkeit ist eine angeborene Begabung und läßt sich nicht erlernen. Wer sie nicht hat, kann trotz fleißigen Übens niemals ein Rutengänger werden. Trotzdem ist es nicht so, daß nur ganz wenige, auserwählte Menschen diese Fähigkeit besitzen, ganz im Gegenteil. Ich konnte feststellen, daß fast alle Personen, die sich zu diesem Gebiet hingezogen fühlten, auch die Veranlagung dazu hatten. Ich möchte aber schon jetzt darauf hinweisen, daß jedermann sich selbst eingehend prüfe möge oder noch besser, sich von einem anerkannten Rutenmeister prüfen lassen soll, bevor er annimmt oder gar behauptet, rutenfühlig zu sein. Nirgends ist die Möglichkeit der Selbsttäuschung so groß wie gerade auf diesem Gebiet. Vor allem seien die Leser gewarnt, welche die Absicht haben, durch die Wünschelrute Geld zu verdienen, die Sache also beruflich auszuüben. Dafür ist es unerläßlich, weitere Literatur zu studieren und vor allem — viel Erfahrung zu sammeln!

Die ersten Rutenversuche, die gleichzeitig als Prüfung gelten sollen, werden am besten im Gelände vorgenommen. Versuchen Sie nicht, gleich nach Erzen usw. weiter zu suchen, sondern bleiben Sie bescheiden und probieren Sie es zunächst einmal mit Wasser.

Um nun überhaupt eine Kontrollmöglichkeit zu haben, suchen Sie sich am besten ein Gelände aus, von dem Sie wissen, daß darunter eine Wasserader verläuft. Es kann auch eine Wasserleitung sein oder die Röhre eines Wassergrabens unter einem Weg usw.

Nehmen Sie nun die Wünschelrute in die Hand, so wie auf Seite 33 beschrieben. Vermeiden Sie jede Erregung, je ruhiger und sicherer Sie sich bewegen, um so besser sind Ihre Ausschläge und je glaubwürdiger wirken Ihre Aussagen auf etwaige Zuschauer, die Sie aber bei diesem ersten Versuch möglichst noch nicht dabei haben sollten!

Die Stelle und die Richtung des gesuchten Wassers ist Ihnen ja bei diesem ersten Versuch bekannt. Nähern Sie sich diesem Punkt nun langsam von der Seite. Haben Sie die Stelle erreicht, so wird die Rute sich entweder nach oben oder unten bewegen. Bei dem einen stärker, bei dem anderen schwächer, unter Umständen sogar mehrmals. Seien Sie für den Anfang zufrieden, wenn sich die Rute beim Angehen des Wasserlaufes senkt und beim Verlassen sich wieder von allein hebt.

Diesen Versuch sollten Sie einige Male wiederholen, und zwar an verschiedenen Tagen möglichst in wöchentlichen Abständen. Schlägt die Rute jedesmal an der betreffenden Stelle aus, so können Sie sich gratulieren. Sie haben die Begabung zum

Rutengänger! Geben Sie sich aber auf keinen Fall der Vorstellung hin, Sie könnten nun schon richtige Untersuchungen durchführen und Gutachten abgeben. Um so weit zu kommen, gibt es nur eines — üben, üben und nochmals üben!

Für Leser, bei denen die Rute nicht ausschlägt, gibt es nur eines: Versuchen, ob die Fähigkeit zum Rutengänger nicht doch noch geweckt werden kann, und zwar durch die auf Seite 19 beschriebene Übung. Wurde diese Übung etwa vier Wochen gewissenhaft jeden Abend und Morgen ausgeführt, so können Sie einen nochmaligen Versuch unternehmen, vielleicht auch an einer anderen Stelle. Sollte die Rute auch jetzt noch nicht ausschlagen, so ist leider anzunehmen, daß keine Rutenfühligkeit vorhanden ist. Versuchen Sie aber auf keinen Fall, einen Rutenausschlag zu erzwingen oder gar nachzuhelfen. Ersteres ist sowieso unmöglich, und letzteres wäre nichts anderes als Selbstbetrug. Wer die Begabung nicht hat, muß versuchen, sich damit abzufinden. Vielleicht liegen seine Talente auf anderer Ebene.

So ist der Umgang mit der Wünschelrute gleichzeitig eine vorzügliche Charakterschule. Eine Selbsterziehung zu unbedingter Ehrlichkeit, zuerst sich selbst und dann auch anderen gegenüber!

Was bringt die Rute zum Ausschlag?

Bis heute ist es noch nicht gelungen, eine Theorie aufzustellen, die von allen Rutengängern als richtig anerkannt wird. Auf kaum einem Gebiet gehen die Meinungen soweit auseinander wie gerade hier.

Während die einen alles auf chemisch-physikalische — also materielle — Weise erklären wollen, glauben die anderen, daß es sich dabei um einen okkulten Vorgang handelt. Es ist unmöglich, hier all das anzuführen, was schon darüber gesagt und geschrieben worden ist. Für die Praxis ist es auch gar nicht so wichtig, zu wissen, welche Einflüsse es sind, die den Rutenausschlag bewirken. Wer sich aber besonders dafür interessiert, sei auf die ausgezeichnete Schrift „Radiästhesie" von Maria Frauzem verwiesen. Darin wird die theoretische Seite der Wünschelrute eingehend behandelt.

Um aber schon einmal einen gewissen Anhaltspunkt zu geben, möchte ich Sie mit einer Theorie bekannt machen, die mir persönlich als die wohl einleuchtendste und einfachste erscheint.

Wir alle kennen und sehen die Wirkungen der Elektrizität, wissen jedoch nicht, was Elektrizität ist, woraus sie stofflich besteht. Genauso verhält es sich auch mit anderen feinstofflichen Kräften, die in uns wirken, schaffen und sich äußern, ohne daß es uns bisher gelungen ist, ihre Stofflichkeit festzustellen. Zu diesen Kräften gehört auch das Od. Diese fluidale Ausstrahlung der Dinge und Menschen nennt der indische Forscher Prana. Pflanze, Tier, Kristalle und Mensch sind ohne Unterschied Quellen dieses Ods oder des Prana.

Od oder Prana kann zusammenfassend folgendermaßen definiert werden:

1. Od ist ein feiner, fluidaler Stoff, welcher der Elektrizität ähnlich, jedoch mit ihr nicht identisch ist.

2. Der odische Stoff besteht aus Uratomen, das heißt ätherischer Materie, die dem Prana der Inder, dem Magnetismus der Magnetiseure entspricht.

3. Od ist eine strahlende Materie, die durch feinsichtige Menschen mit dem Auge oder dem Tastsinn (mittels der Wünschelrute) wahrgenommen werden kann.

4. Od ist überall zu finden, das heißt in der Luft, im Wasser, im Gestein, in den Pflanzen, Tieren und Menschen.

5. Od wird im Körper des Menschen erzeugt und kann durch entsprechende Atemübungen in seinen Wirkungen vermehrt werden. (Siehe auch Seite 19).

6. Od ist der Erzeuger der Spannkraft unserer Muskeln und Nerven. Seine Sammelpunkte

im Körper sind das Rückenmark, die Nerven-
zentren, die Lungen, das Herz und das Gehirn.

7. Die intensivste Strahlkraft erlangt das Od im
menschlichen Körper. Die Strahlungen des
Ods gehen besonders von den Fingerspitzen
und den Öffnungen des Körpers aus.

8. Od kann von allen festen und flüssigen sowie
gasförmigen Stoffen geleitet werden (Holz,
Steinen, Fäden, Pflanzen usw.), manifestiert
sich also in gewisser Beziehung andersartig als
Elektrizität.

9. Od entwickelt sich durch Schall, Licht, Druck,
Temperaturänderung und — im Menschen —
durch Konzentration und Übung.

10. Dieses Od kann wirken durch Abstoßung und
Anziehung. Es ist als Wirkung im Menschen
durch efferente und afferente Strömungen
innerhalb des Nervensystems zu erkennen.

In jedem Menschen ist dieses Od oder Prana
wirksam. Aus ihm bestehen letzten Endes alle Zel-
len, aus diesem Prana bestehen die Dinge, die Stoffe,
die Kosmen und die Räume. Alle sind erfüllt von
diesem Prana oder Od. Je nach der Schwingungs-
zahl der Feinstoffteilchen und nach ihrer Richtung entsteht zwischen den Teilchen Anziehung
(Kohäsion) oder Abstoßung und letztlich auch der
Ausschlag der Wünschelrute.

Übungen zur Verstärkung der Rutenfähigkeit

Wie auf Seite 16 schon ausgeführt, ist das Od oder Prana eine der Hauptursachen des Rutenausschlages. Wem es nun gelingt, dieses Od in verstärktem Maße anzuspeichern, erhöht damit auch zwangsläufig seine Fähigkeiten als Rutengänger.

Od oder Prana saugen wir bei jedem gewöhnlichen Atemzug in normalen Mengen in unseren Körper ein; durch besonders geregeltes, willkürliches Ein- und Ausatmen werden wir befähigt, Prana in bedeutend größerer Menge zu absorbieren. Zu diesem Zweck sind Atemübungen, wie sie von den Yogis Indiens ausgeführt werden, am besten geeignet. Folgende Übung, die sich „Die vollständige Atmung der Yogis" benennt, ist für unseren Zweck am besten geeignet.

1. Stehe oder sitze aufrecht. Atme durch die Nase. Ziehe die Luft langsam und gleichmäßig ein und fülle zuerst den unteren Teil der Lunge, indem du das Zwerchfell in Bewegung bringst, das sich abwärts senkt und einen sanften Druck auf die Unterleibsorgane ausübt, wodurch die Bauchdecke vorgeschoben wird. Dann fülle den mittleren Teil der Lunge und presse die unteren Rippen nach außen. Zuletzt

lasse die Luft in die obersten Regionen der Lunge strömen, wobei der obere Teil des Brustkorbes, die oberen sechs oder sieben Rippenpaare mit dem Brustbein, nach außen gedrängt und gehoben wird. Bei dieser letzten Bewegung muß sich der untere Teil des Leibes leicht nach innen ziehen, wodurch der Lunge eine Stütze gegeben und es ihr leicht gemacht wird, die Luft bis in die äußersten Spitzen dringen zu lassen.

Auf den ersten Blick mag es erscheinen, als bestände dieser Atemzug aus drei einzelnen Atembewegungen. Das ist jedoch nicht der Fall. Nur *eine* Einatmung soll von unten nach oben die ganze Brusthöhle von dem sich senkenden Zwerchfell bis hinauf zum höchsten Punkte des Brustkorbes unmittelbar unter dem Schlüsselbein allmählich mit Luft anfüllen. Vermeide eine ruckweise Folge kürzerer Einatmungen, trachte vielmehr nach einer einzigen gleichmäßigen Atmungsbewegung. Einige Übung wird die Neigung, das Einatmen in drei Bewegungen einzuteilen, bald überwinden. Nach kurzer Übungszeit wirst du bereits imstande sein, die ununterbrochene vollständige Einatmung innerhalb weniger Sekunden auszuführen.

2. Halte den Atem, sobald die eingesogene Luft die obersten Brustregionen erreicht hat, einige Augenblicke an.

3. Atme ganz langsam aus, indem der Brustkorb in möglichst ruhiger Haltung bleibt, der Leib

jedoch etwas eingezogen und, während die Luft entweicht, allmählich emporgehoben wird. Sobald die Luft vollständig ausgeatmet ist, lasse Brust und Leib erschlaffen.

Diese Atmungsbewegung wird nach geringer Übung gar keine Schwierigkeiten mehr machen, und hat man sie erst erlernt, so erfolgt sie nachher fast automatisch.

Man wird erkennen, daß diese Atmungsmethode alle Teile des Atmungsmechanismus in Tätigkeit setzt und sämtliche Luftzellen der Lunge bis in die äußersten Spitzen hinauf in Übung erhält. Der Brustkorb dehnt sich nach allen Richtungen hin aus, und jeder Muskel arbeitet.

Manchem werden die Einatmungsübungen leichter fallen, wenn er sie vor einem großen Spiegel vornimmt und die Hände leicht auf den Leib legt, um dessen Bewegung zu fühlen. Gegen Ende der Einatmung ist es gut, ab und zu die Schultern und damit das Schlüsselbein ein wenig zu heben, damit die Luft ungehindert in die Spitzen des rechten Lungenflügels, die nicht selten die Brutstätte der Tbc-Bazillen ist, eindringen kann.

Wie aller Anfang schwer ist, so wird auch hier der Lernende beim Beginn der praktischen Übungen mit Schwierigkeiten zu kämpfen haben. Doch nach kürzerer Zeit sind diese überwunden, und die Freude über die ersten Erfolge läßt einen alle Mühe vergessen.

Es empfiehlt sich, die Übung bei offenem Fenster, oder besser noch im Freien, vorzunehmen, und zwar jeweils morgens und abends etwa 5 Minuten.

Wer sich noch mehr für dieses Gebiet interessiert, sei auf das Buch „Ramacharaka, Die Kunst des Atmens der Hindu-Yogis" verwiesen, dem auch die vorstehende Atemübung entnommen wurde.

Wie sieht eine Wünschelrute aus?

Aus welchen Stoffen soll sie bestehen?

Soweit die Meinungen über die Ursachen des Rutenausschlages auseinandergehen, soviel verschiedene Auffassungen über die richtige Form der Wünschelrute gibt es auch. Viele Rutengänger haben sich selbst eine Rute ausgedacht und glauben nun, daß ihre „Erfindung" die einzig richtige sei.

Daß dem nicht so ist, wurde von mir selbst und auch von anderen in vielen Versuchen festgestellt. Die Form und die Bestandteile der Rute spielen nur eine ganz untergeordnete Rolle. Wenn die Veranlagung dazu nicht vorhanden ist, nützt die schönste und teuerste Rute nichts. Durch die Rute *allein* wird niemals ein Ausschlag verursacht!

Die folgenden Zeichnungen mögen dem Leser einen Begriff der Rutenformen geben.

Die älteste und einfachste Rute ist die Weiden- oder Erlenrute, entweder als Stab oder Gabel. Der Nachteil ist dabei, daß sie immer nur kurze Zeit gebraucht werden kann, denn wenn sie ausgetrocknet ist, kann sie nicht mehr benützt werden. Aus diesem Grunde ist man dazu übergegangen, die Rute aus Metall herzustellen. Auch hier ist man sich nicht darüber einig, welches Metall das brauchbarste

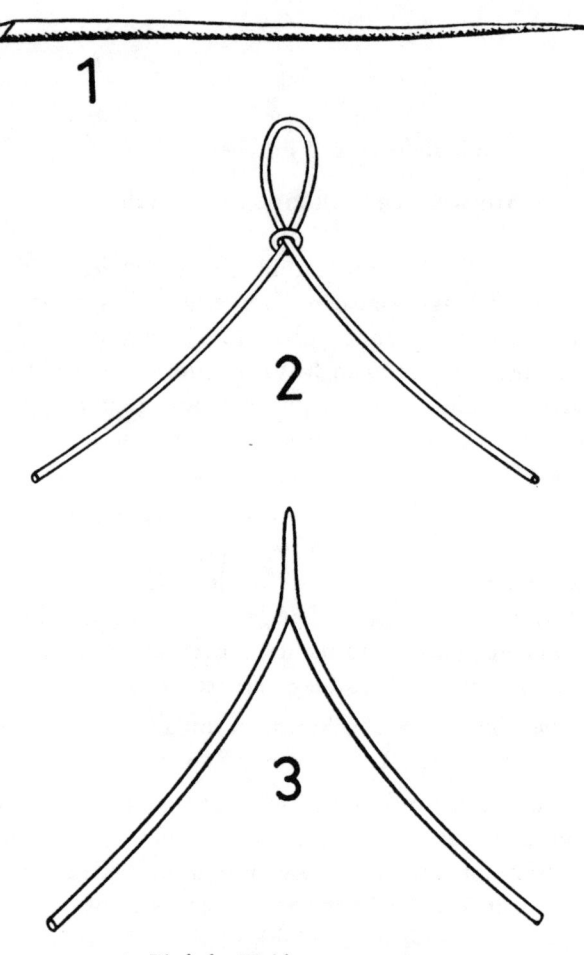

1. Einfache Weidenrute
2. Gegabelte Weidenrute
3. Erlenrute

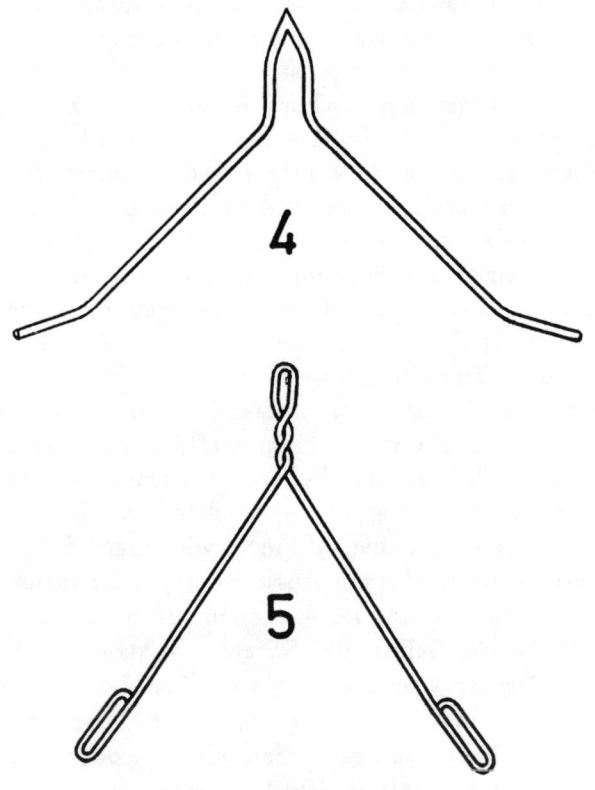

4. Aluminium- oder Stahlrute
5. Kupferrute

ist. Worauf es dabei vor allem ankommt, ist die Leitungsfähigkeit der menschlichen Feinstoffstrahlungen durch den betreffenden Stoff. So habe ich festgestellt, daß Aluminium, Eisen und vor allem Stahl und Kupfer gute Leiter des menschlichen Ods sind. Es hat sich herausgestellt, daß zur Entdeckung von gewissen Erz- und Wasseradern Metallruten sich hervorragend eignen, weil sie selbst zur abstoßenden oder anziehenden Wirkung — auf diese Wirkung allein kommt es beim Rutengehen an — sich eignen. Gewisse Metalle bzw. ihre Feinstoffe besitzen zu anderen Metallen verwandtschaftliche Beziehungen. Durch das uns bekannte Gesetz der Kohäsion (Zusammenziehung) entsteht leicht eine Anziehung der Feinstoffteilchen des Erzes oder Wassers. Andere Feinstoffteilchen von Metallen hegen Abneigung gegen Atomteilchen von Wasser oder Erzen, stoßen sich also ab. Kommt nun das Metallatom der Rute durch Belebung mit stark ausstrahlendem, menschlichem Od in eine höhere Ausstrahlungs- und Schwingungsbewegung, so wirken sich diese Bewegungen rückläufig auf die Schwingungen der pranischen bzw. odischen Ausstrahlungen der menschlichen Nerven und infolgedessen auf die Bewegung der Nerven selbst aus. So entsteht dann die Bewegung der Wünschelrute in der Hand des Rutengängers, indem die Rute entweder hochschlägt — das heißt also abgestoßen wird —, oder indem die Rute nach unten, dem Erdboden bzw. der Erz- oder Wasserader zu, sich bewegt, mit anderen Worten: sie wird angezogen. Je nach der Verwandtschaft oder Nichtverwandtschaft mit dem gesuchten

Stoff entsteht also Abstoßung oder Anziehung der Rute. Für die Wassersuche genügt daher meistens eine Weidenrute, da sie sehr viel Wasseratome enthält. Wie schon gesagt, muß sie aber immer frisch sein, kann also nicht eingetrocknet gebraucht werden. Wer Kupfer oder mit Kupfer verwandte Erze suchen will, bediene sich der Kupferrute, wer Aluminium, Blei oder ähnliche Erze sucht, möge die Aluminiumrute zur Hand nehmen, wer Eisen sucht, nehme die Stahl- oder Eisenrute.

In der Praxis hat sich bisher eine Kombination von Stahl und Kupfer* besonders gut bewährt, durch ihren universellen Charakter kann sie für nahezu alle Arbeiten verwendet werden.

Es gibt aber auch Rutengänger, die sich mehr der abstoßenden Bewegung der Ruten bedienen. Für sie kommen immer Ruten in Betracht, die zu den gesuchten Stoffen in keiner verwandtschaftlichen Beziehung stehen. So kann Gold und Silber mit Eisenruten vorzüglich gefunden werden, ebenso auch Blei und verwandte Erze.

Daß in Verbindung mit den menschlichen Odausstrahlungen alle Stoffe in erhöhte Schwingungstätigkeit geraten, kann durch Wirkungen bewiesen werden. Die ganze Heilungstätigkeit der Magnetiseure und Psychotherapeuten beruht auf dieser erhöhten Schwingungstätigkeit. Kupfer strahlt enorme Mengen menschlichen Ods aus, wenn es von den Händen eines Rutengängers ergriffen wird.

* Siehe auch Seite 69

Man gehe in eine dunkle Ecke und halte die Kupferrute über ein schwarzes Tuch. Man wird erstaunt sein über die starke, sichtbare Ausstrahlung in der ganzen Breite und Länge der Rute. Sobald aber der Rutengänger die Rute losläßt und sich von ihr entfernt (er kann die Rute dann auf einen anderen Gegenstand legen), wird man sofort ein Nachlassen und schließlich ein Aufhören der Ausstrahlungen an der Rute selbst bemerken. Diese starke Ausstrahlung beim Anfassen der Rute ist aber ein sichtbares Zeichen, daß sie eine besondere „Leitungsfähigkeit" für das menschliche Od besitzt. Die Leitungsfähigkeit aber bedeutet nichts anderes als eine erhöhte Schwingungstätigkeit der Metallatome, die durch die Verbindung mit dem menschlichen Od innerhalb des Metalls selbst entstanden ist.

Nach dieser Abschweifung möchte ich zum Schluß nochmals betonen, daß es auf Form und Stoff der Rute nicht so sehr ankommt. Ausschlaggebend über Erfolg oder Nichterfolg ist allein der dazu begabte oder unbegabte Mensch.

Handhabung der Wünschelrute

Wie der Leser aus den kleinen Abbildungen der Wünschelrute ersehen hat, gibt es zweierlei Formen, nämlich die *Stabrute* und die *Gabelrute*.

Die Stabrute wird man im allgemeinen nur anwenden, wenn gerade eine andere Rute nicht zur Hand ist. Man muß nämlich die Rute stets mit *beiden Händen* ergreifen. Um dieses Muß zu erklären, bitte ich, mir in ein anderes Gebiet der Wissenschaft zu folgen, nämlich in das Wesen der *Polarisation*.

Alle Dinge dieser Schöpfung, alles, was lebt, besteht und ist, hat zwei Pole. Alles, was ist, wird zusammengehalten durch diese Pole. Man weiß, daß entgegengesetzte Pole sich anziehen. So kennen wir Nord- und Südpol, rechts und links, stark und schwach, so kennen wir ein Oben und Unten usw. Nur durch dieses sich gegenseitige Anziehen und durch dieses „Zueinanderdrängen" verwandter Stoffe, die verschiedenartige Richtungen aufweisen und sich infolgedessen „finden", also nicht voneinander fliehen, entstehen die Formen und sogenannten Körper. Es ist hierbei ganz gleich, ob es sich um lebendige oder tote Körper handelt, ob es Kristalle, Steine, Metalle, Pflanzen, Tiere oder Menschen, ob es Gestirne oder Kosmen sind. Alles, was besteht, ist polar und wird dadurch zusammengehalten.

Ebenso geht es mit allen Ausstrahlungen. Der Mensch ist, das kann durch Experimente nachgewiesen werden, ebenfalls bipolar. Wir nennen diese Pole, um es uns einmal klar zu machen, rechts und links. Die rechte Seite des Menschen besitzt eine feinstoffliche Ausstrahlung in roter Färbung. Die linke eine ebensolche von graublauer Färbung.

Um die Ausstrahlung der menschlichen Hand bei der Wünschelrute zu einer einheitlichen zu gestalten, ist es wichtig, daß die Verbindung „rechts" zu „links" über den Weg der Wünschelrute zu einer einheitlichen gestaltet wird. Denn um andere, ebenfalls polarisierte Stoffe aktiv zu gestalten, muß der Kreis der odischen Ausstrahlung des Menschen über die Wünschelrute durch Vereinigung der Pole geschlossen werden. Darum muß jede Wünschelrute mit beiden Händen ergriffen werden!

Wie wird die Rute nun richtig gehalten? Auch darüber gibt es verschiedene Methoden. Man unterscheidet Ober- und Untergriff.

Obergriff:

Untergriff:

Die Rute wird mit den Händen an den äußeren Enden gefaßt. Dabei werden die Arme gebeugt und die Ellenbogen leicht gegen die Hüfte gedrückt. Die Rute wird so gehalten, das sie zum Körper senkrecht, zur Erde also parallel steht. (Siehe auch obige Abbildungen!)

Durch einen leichten Zug nach außen verleiht man der Rute eine gewisse Eigenspannung, die aber niemals so stark sein darf, daß sie von alleine zur Auslösung eines Ausschlages führt.

Es ist dabei zu beachten, daß der Körper immer möglichst entspannt bleibt. Die Augen sind fest auf die Spitze der Rute zu richten, damit jede, auch die kleinste Bewegung, sofort vom Rutengänger wahrgenommen werden kann. Im allgemeinen macht sich der Ausschlag der Rute schon durch eine Art Nervenzucken in den Armen bemerkbar, doch ist das nicht immer der Fall. Im Gegenteil gibt es sogar Rutengänger, bei denen der Ausschlag der Rute keineswegs in den Armen oder durch sogenannte Zuckungsmantik (unwillkürliche Handbewegung) bemerkbar macht, sondern in deren Händen sich die Rute derart zu drehen vermag, daß die Enden sich tief in die Handhaut eindrücken, was zuweilen leichte Verletzungen der Handfläche hervorruft.

Die Rückwirkung der Erdstrahlen durch die Rute und Hand und Arm ist bei allen Menschen nicht die gleiche. Diese Verschiedenheit ist auf ebenso verschiedenartige Empfindlichkeit des Nervensystems und der Beweglichkeit der ausstrahlenden Feinmaterie zurückzuführen.

Rutenpraxis

Haben wir bisher die grundsätzlichen Dinge der Wünschelrute und ihres Gebrauchs einer Betrachtung unterzogen, so kommen wir nunmehr zur Handhabung und Anwendung der Wünschelrute, das heißt zur praktischen Seite dieses Gebietes.

Zunächst entsteht die Frage, auf was kann man die Rutenpraxis anwenden? Welche Offenbarungsmöglichkeiten bietet sie? Da die Ausstrahlungen odischer Art des Menschen in einem festen Verhältnis zu den Ausstrahlungen anderer Wesen und Dinge stehen, so ist auch die Anwendungsmöglichkeit der Wünschelrute verschieden, je nach Anziehung oder Abstoßung, Sympathie oder Antipathie oder — um mit Haeckel zu sprechen — je nach dem Empfinden von Vergnügen oder Abneigung der Feinstoffschwingungen zueinander.

Im allgemeinen kann zum Ausdruck gebracht werden, daß die Wünschelrute angewandt werden kann:

1. Zur Feststellung von Wasserläufen unterirdischer Art.

2. Zur Feststellung von Erzadern.

3. Zur Fixierung von Sympathie und Antipathie im allgemeinen.

4. Zur Suche nach verlorenen Gegenständen.

5. Zwecks Untersuchung der Echtheit von Bildern, Handschriften usw.

6. Zu Untersuchung verschiedener Erdstrahlungen.

7. Zur Feststellung krankhafter Emanationen des menschlichen Körpers.

Ich werde nun an Hand von Beispielen die Anwendung der Wünschelrute auf die genannten Möglichkeiten schildern, und ich hoffe, daß der Leser dadurch angeregt wird, seine in ihm waltenden und wirkenden Kräfte in diesem Sinne zu gebrauchen und zu üben. Dem Strebenden sei von vornherein gesagt, daß nur dem ernstlich Suchenden und dem fleißig Übenden ein voller Erfolg beschieden sein wird.

Bevor wir nun zur eigentlichen Rutenpraxis kommen, noch kurz einige Regeln, die von jedem Rutengänger unbedingt beachtet werden sollen.

Erstes Erfordernis für den Rutengänger ist, daß er sich einer vollkommenen Gesundheit erfreut. Das gilt körperlich, seelisch und geistig. Es ist natürlich, daß ein Mensch, dessen Feinstoffstrahlungen durch irgendeine Krankheit gestört sind, nicht alle seine Kräfte und sein Denken auf das Ziel, die Vollkommenheit in pranischer Beziehung zu erreichen, richten kann. Nur der gesunde Mensch, der das ist, was man im landläufigen Sinne robust nennt, wird gute Erfolge im Wünschelrutengehen erlangen. Nervöse, schwache, kleinmütige Personen mögen zuweilen einen kleinen Erfolg notieren, doch wird ihnen das große Ziel unerreichbar sein, weil die eigenen Emanationen nicht ausreichen, um die Atome der Wünschelrute zu aktivieren, das heißt zu größerer Tätigkeit anzutreiben.

Das soll aber Menschen, die früher einmal krank waren und nun geheilt sind, nicht abhalten, ihr Glück beim Rutengehen zu versuchen. Sobald eine Krankheit geheilt ist, fließt der eigene magnetische bzw. odische Strom im Körper wieder normal, und die Ausstrahlung ist demgemäß.

Wichtig für alle Rutengänger ist auch der Umstand, daß bei bevorstehenden Gewittern oder starkem Regen Hinderungen kosmischer Art dem Körperod Hemmungen bereiten, die leicht einen Mißerfolg mit sich bringen. Darum ist zu beachten, daß bei Ausübung und auch beim Üben des Rutengehens möglichst schönes Wetter sein soll. Zum mindesten darf kein besonderer Tiefdruck (der Barometer ist hierfür das passende Orientierungsinstrument) die Wetterlage beeinflussen. Es ist wohl jedem klar, daß elektrische Spannungen in der Luft die odische Strahlung leicht ableiten, oder — um mit radiotechnischem Ausdruck zu sprechen — erden. Das gleiche gilt auch in Beziehung auf den Mondwechsel. Da der Mond auf Wasser, Nerven, Blut und infolgedessen auch auf die Emanationen des Menschen einen großen Einfluß besitzt, so erhellt daraus, daß aktive Ströme in der Hauptsache bei zunehmendem Monde, vor allem natürlich einige Tage vor Vollmond, im Körper wirksam sind. — Es spielt hierbei der Biorhythmus des Menschen eine große Rolle, ebenso auch die sogenannten Tattwas, die der Inder genauestens beachtet. (Tattwa-Rhythmus: Es gibt fünf verschiedene Tattwas: 1. schwarz, 2. grün, 3. rot, 4. gelb, 5. weiß. Jedes Tattwa schwingt 24 Minuten, so daß also alle zwei Stunden — 5 × 24 = 120 Minuten oder zwei Stunden — das schwarze Tattwa wieder zu schwingen beginnt.) Es gibt sogenannte Tattwa-Uhren, auch in Verbindung mit einer Armbanduhr, von der jederzeit das gerade schwingende Tattwa abgelesen werden kann. Wer sich dafür interessiert, wird sie sicher in einem der esoterischen Läden finden.

Der Rutengänger vermeide immer in den ersten Tagen des abnehmenden Mondes Übungen oder gar Experimente vorzunehmen. Es kommen sonst zu leicht Fehlerquellen vor, die seiner Stimmung schaden.

Aber gerade auf gute Stimmung ist bei allen Ruten-Experimenten und -Übungen besonderer Wert zu legen. Es ist keineswegs einerlei, ob der Rutengänger guter oder schlechter Stimmung ist. Er soll ja seine Aufmerksamkeit auf feine Dinge richten. Der Rutengänger muß immer voller Optimismus sein. Pessimismus sei ihm völlig fremd, und seine Zuversicht und sein Vertrauen zu seinem Werk müssen unbändig groß sein. Er darf sich nicht ablenken lassen durch irgendeine beunruhigende Nachricht, er muß innerlich voller Ausgleich und Klarheit sein. Sollte aber die Stimmung negativer Art derart in ihm überhand nehmen, daß er sich nicht von ihr zu lösen vermag, so soll er mit Üben und Experimentieren aufhören, bis die gewisse ruhige und ausgeglichene Stimmung wieder hergestellt ist. Er bedenke bei eventuell einsetzender schlechter Stimmung immer den indischen Weisheitssatz: „Man beseitigt das Böse nicht, indem man es bekämpft, sondern es ignoriert und das Gute fördert." Fördere in dir stets das Gute, das Starke, das Frohe, lasse alles beiseite, was dich hemmt, erwähne es mit keinem Wort und ersetze den pessimistischen Gedanken, der dich überkommt, durch einen fröhlichen, indem du einfach etwas dir Liebes oder Schönes in Erinnerung bringst. Das ist ein guter Wegweiser zu stets gleichbleibender guter Laune und ebenso großer Zuversicht zu dir selbst.

Ein weiterer Rat für die im Freien arbeitenden Rutengänger ist der, niemals bei hochstehender Mittagssonne zu arbeiten, insbesondere nicht im Sommer. Da auch die Hitze den Menschen in seinen Ausstrahlungen beeinträchtigt und dadurch einen eventuellen Hochtrieb der Rutenatome bzw. ihrer Ausstrahlungen hemmend beeinflußt, möge man diesen Rat getrost befolgen. Die besten Zeiten für die Arbeit mit der Wünschelrute sind: vom Sonnenaufgang ab bis 10 Uhr morgens und von nachmittags 15 Uhr bis zum Sonnenuntergang. In den Mittagsstunden unterlasse man jeden Versuch. Das gilt besonders für Anfänger, die sich den Übungen im Rutengehen widmen wollen.

Eine weitere Bedingung für den Rutengänger besteht in der Fähigkeit der Konzentration und gespanntem Aufmerksamsein. Wer diese Fähigkeiten nicht hat, sollte unbedingt versuchen, sie sich anzueignen. Der beste Weg dazu sind wiederum einige Atemübungen einfacher Art.

Man setze sich auf einen Schemel oder eine Bank, möglichst ohne Rückenlehne, stelle die Füße übereinander und lasse die Knie zur Seite fallen. Die Haltung des Körpers sei vollkommen gerade, das heißt Hals und Rückgrat müssen eine möglichst gerade Linie bilden. Die Hände werden locker auf die Oberschenkel gelegt, mit den Handflächen nach oben. Man achte darauf, daß der Körper ganz entspannt ist. Der gesamte Oberkörper muß auf den unteren Rippen ruhen. Das Kinn wird ein wenig eingezogen, der Hals wird durch Drehen und Vor- und Rückwärtsbeugen in eine entspannte und rechte Lage gebracht.

Nachdem man etwa eine Minute derart entspannt gesessen hat, ohne dem Atem eine besondere Beachtung zu schenken, beginne man mit einem Tiefatemzug. Man atme etwa zwei Sekunden langsam ein, halte den Atem zwei Sekunden an und atme dann etwa acht Sekunden gleichmäßig aus. Nach dem Tiefatemzug lasse man eine Pause von acht Sekunden eintreten, um dann wieder in gleichem Rhythmus zu beginnen. Wer es vermag, soll in der Pause nicht atmen (es ist ein Zeichen der richtig vorgenommenen Entspannung), wer den Atem nicht solange ausfallen lassen kann, möge kleine, gewöhnliche Atembewegungen ausführen.

Auf diese Weise werden etwa drei Tiefatemzüge minutlich ausgeführt. Im ganzen übe man erst einmal fünf Minuten lang, später kann man sie allmählich bis auf eine Viertelstunde erhöhen.

Außer der Schulung der Konzentration dient auch diese Übung zur Aufspeicherung des Körpers mit Od, das ja für die Rutenpraxis so wichtig ist.

Während der Tiefatmung versuche man, sich ausschließlich auf die Ausstrahlung der eigenen Hände zu konzentrieren. Bei ausdauernder und richtig ausgeführter Übung wird dem Übenden langsam das sogenannte Fingerspitzengefühl bemerkbar; er nimmt deutlich die Ausstrahlung des feinstofflichen Odes aus seinen Händen wahr. Durch diese Übung wird gleichzeitig das gespannte Aufmerken gefördert, so daß bei später einsetzender praktischer Gangübung die notwendige Aufmerksamkeit bezüglich der Ausstrahlung der Hände und der feinen Bewegungen der Rute vorhanden ist.

Kurz vor dem Rutengehen selbst mache man stehend eine Atemübung in der oben beschriebenen Weise, etwa drei Minuten lang. Ebenso reibe man vor dem Anfassen der Rute die Hände aneinander. Bei dieser Gelegenheit möchte ich noch bemerken, daß sogenannte Schweißhänder dafür Sorge tragen müssen, daß die Hände trocken bleiben. Es gibt Mittel, diesen Schweiß für einige Zeit zum Stillstand zu bringen. So z. B. Einreiben der Hände mit Pfefferminzöl oder auch DDD-Hautmittel.

Die Feststellung von unterirdischen Wasserläufen

Der Rutengänger umschreitet zuerst einmal das gesamte Grundstück, das er auf Quelle oder Wasserlauf untersuchen soll. Er macht sich also gewissermaßen mit den Bodenverhältnissen, den Steigungen und Senkungen, eventuell auch mit den Gesteinsschichtungen — soweit sie ihm sichtbar sind — bekannt. Er führt zwecks genauer Feststellung des Laufes der Quelle oder des unterirdischen Wassers in seiner Tasche eine Anzahl gefärbter, gut erkennbarer, nach unten zugespitzter Holzstäbe mit sich, um die Möglichkeit zu haben, die Stellen, an denen ein Ausschlag der Rute erfolgt, zu bezeichnen. Sobald zum Beispiel ein Ausschlag der Rute sich einstellt, steckt er einen der Holzstäbe in die Erde.

Er macht sich nunmehr fertig zur Rutenbeschreitung des betreffenden Stücks Boden, indem er — wie ich vorher sagte — einige Tiefatmungen vornimmt, die Hände warmreibt und unter allen Umständen dafür Sorge trägt, daß seine Hände gut trocken sind. Sodann beginnt er an einer Ecke des Grundstücks in der von mir geschilderten Haltung der Rute langsam und ruhig vorwärts zu schreiten, dabei die Augen fest auf die Spitze der Rute richtend. Er geht nun das ganze Grundstück kreuz und quer ab, am besten so, daß seine Weglinie immer

43

einen spitzen Winkel zu der vorher beschrittenen Richtung aufweist. Um dem Leser ein Bild dieses Rutenschreitens zu geben, füge ich eine kleine Skizze bei, welche die verschiedenen Richtungen des Beschreitens klar macht. Der erste Gang ist als einfache schwarze Linie zu erkennen, der zweite Gang als punktierte Linie, der dritte Gang ist mit kleinen Kreisen bezeichnet, der vierte Gang mit kleinen geschlängelten Linien. Auf diese Weise wird es erreicht, daß fast jeder Punkt des Grundstücks mehr oder weniger mit den Strahlungen der Rute berührt (wenn auch nicht überschritten) wird.

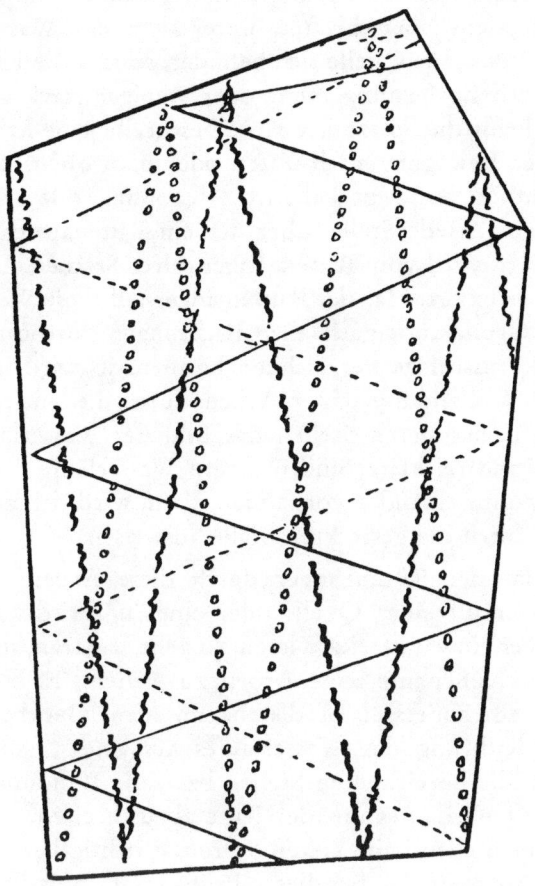

Sobald der Rutengänger nun einen Punkt des Erdbodens überschreitet, unter dem ein Wasserlauf oder eine Quelle sich befindet, schlägt die Rute je nach Entfernung mehr oder weniger stark aus, das heißt die Spitze der Rute beschreibt eine kreisartige Bewegung nach unten oder nach oben. Die Richtung bestätigt lediglich Abstoßung oder Anziehung. Jede Stelle, über der ein Rutenausschlag erfolgt, wird vom Rutengänger durch Stecken eines Stabes fixiert. Hat der Rutengänger auf diese Weise das Grundstück nach allen Richtungen durchquert und Ausschläge verzeichnen können, so wird ihm nach Vollendung seiner Arbeit durch die mit Stäben bezeichneten Stellen das Bild des Wasserlaufs einwandfrei klar. Sind mehrere Wasserläufe über- und untereinander vorhanden, dann wird sich auch das durch die gesteckten Stäbe ausweisen.

Hat der Rutengänger durch diese Arbeit den Wasserlauf eines Quells oder eines unterirdischen Baches einwandfrei erwiesen, so geht er daran, nach einer Ruhepause seine Arbeit zu prüfen. Er stellt sich am äußersten Steckstabe mit dem Gesicht in die Richtung des Wasserlaufes auf und versucht nun, die bezeichneten Stellen bzw. die Windungen des Quell-Laufes mit der Rute abzuschreiten. Hat er die Stellen beim ersten Schreiten richtig bezeichnet, so gerät der bei dieser Prüfung in Laufschritt, und wenn das Wasser nicht in großer Tiefe verläuft, so kommt meistens bei dieser Prozedur der Körper in starke Zuckungen, und schließlich fliegt ihm die Rute in hohem Bogen aus der Hand. Meistens weist die Stelle, an der das geschieht, die geringste Tiefe auf. Man kann an diesem Ort anfangen zu graben. Fast immer ist so neues Wasser für die Landwirtschaft oder auch für industrielle Zwecke gewonnen. Schon oft hat auf diese Weise ein Rutengänger zum Segen seiner Mitmenschen wirken können.

Will der Rutengänger noch *die Tiefe des Wasserlaufs* ungefähr feststellen, so muß er lange vorher geübt und sich eine Skala bei Beobachtung der Rutenausschläge aufgestellt haben. Denn die Feststellung der Tiefe eines Quell-Laufes (oder auch eines Erzlagers) hängt von der Empfindlichkeit und der Möglichkeit der Reaktion des Rutengängers auf die Strahlungen der Wasserstränge oder der Erzlager ab. Es gibt Menschen, die mehr auf Erze oder reine Metalle reagieren, und es gibt wieder andere, die auf Wasser, Kali, Kalk, Jod und andere Elemente ganz gewisse kräftige Reaktionen mit der Wünschelrute feststellen können. Immer wird das von den Erfahrungen abhängen, die der Rutengänger im Laufe seiner Untersuchungen der verschiedenen Gesteine und Wasser gemacht hat. Ich selbst habe für meine Person folgende Regeln aufgestellt:

Bei einer Tiefe von etwa 10 bis 12 Metern beschreibt die Rute einen vollen Kreis, bei einer etwaigen Tiefe von 25 Metern einen Dreiviertelkreis, bei ungefähr 40 Metern Tiefe einen Halbkreis. Bis zu 70 Metern Tiefe schlägt die Rute einen Viertelkreis, ist die Tiefe noch größer, schlägt die Rute nur noch schwach aus. Das gilt aber nur bei einfachen Wasserläufen. Handelt es sich bei dieser Suche um heiße Quellen, die meistens viele andere Elemente noch in sich aufnehmen und die dazu eine stark treibende Kraft besitzen, so reagiert die Rute ganz enorm, und nicht selten geschieht es, daß mir die Rute durch die starke Reaktion aus der Hand fliegt. Dabei habe ich zuweilen Tiefen von 400 bis 500 Metern feststellen können.

Einige Beispiele aus der Praxis

Über dem Hotzenwald, nahe dem Hochrhein, steht ein Dorf, das ob seiner hohen Lage und seiner Geländegestaltung nur sehr wenige Trinkwasserbrunnen besaß. Viele Bewohner mußten vom Nachbar das Wasser in großen Bottichen holen, um für den Tag versorgt zu sein. Einer meiner Verwandten, der dort wohnte und sich ein Haus bauen wollte, wagte nicht den Bau, einfach weil ihm die Trinkwasserfrage zu denken gab. Er besaß ein schönes, großes Grundstück an einem sanften Wiesenhang, und als ich eines Tages von dem Dilemma gelegentlich eines Besuches erfuhr, schlug ich meinem Verwandten vor, auf Wassersuche mit der Wünschelrute zu gehen. Ich wollte sehen, was an Wasser unter seinem Grundstück verborgen liege. Ich fertigte mir einige feste Weidenruten, das heißt Gabelruten an und schritt den Boden in der vorher beschriebenen Weise ab. Es ergaben sich durch die gesteckten Stäbe zwei Wasserläufe, von denen der eine wahrscheinlich in den anderen mündete. Bei der Probe des Wasserlaufes geriet ich in einen wilden, taumeligen Lauf (weil die Ader sehr viele Windungen aufwies), und an der Stelle, wo die Einmündung der kleineren Wasserader in die große vorhanden war, flog mir die Rute aus den Händen.

Bei der Messung der Tiefe schlug die Rute mindestens drei- bis viermal einen Kreis um sich. Ich konstatierte also große Erdbodennähe, höchstens 3 bis 3½ Meter. Die Grabungen für den Brunnen ergaben wunderschönes, klares, stark nach oben drängendes Quellwasser mit einem Andrang von mindestens 3 Kubikmeter pro Stunde.

Und die Bauern des Dorfes, die zum Teil über den verrückten Rutengänger hämisch gelacht hatten, lachten nun nicht mehr.

Im Rheinland, in der Nähe einer großen Stadt, gibt es ein hübsches, kleines Dorf. In seiner Nähe befinden sich alte Dorfanlagen der Germanen, Fliehburgen u. a. m. Am Rande dieses Dorfes wohnt ein Künstler seines Fachs, der während der Inflationszeit durch die Verhältnisse völlig verarmt war und nun gezwungen wurde, um seinen Lebensunterhaltes willen Gemüse- und Obstzucht zu treiben. Ich kam des öfteren dorthin und entdeckte mit ihm zusammen bei dieser Gelegenheit in der Nähe eines Flüßchens eine Art Quelle, die vorher von keinem Menschen beachtet worden war. Proben der Quelle, die wir vornahmen, ergaben einen eigenartigen Geschmack, etwa wie Nauheimer oder Emser Wasser. Zwar war das Wasser nicht warm, sondern kühl und enthielt sehr geringe Mengen Kohlensäure. Die Quelle floß nur sehr spärlich. Sie ergab vielleicht einen viertel Kubikmeter Wasser pro Stunde. Auf Bitten meines Bekannten entschloß ich mich zur Untersuchung des Wasserlaufs. Ich schritt das ganze Terrain während einiger Stunden mit der Wünschelrute ab. Die Ausschläge waren zum Teil sehr stark, so daß ich vermutete, daß es sich um eine Art Heilquelle handeln könne. Auf dem Grundstück, ganz in der Nähe der Landstraße, geriet die Rute in ganz außerordentlich starke Ausschläge. Die Grabung an dieser Stelle ergab eine starke, mächtige Quelle mit starkem Antrieb zur Oberfläche. Um auszuprobieren, welche Treibkraft das Wasser besitze, bauten wir einen provisorischen Holzkamin. Es ergab sich, daß bei einer Höhe von etwa 3 Metern das Wasser der Quelle immer noch „überfloß". Die qualitative Untersuchung des Wassers im Laboratorium einer Universität ergab starke Mengen von Radium, Arsen, Jod, Kalk und viele Verbindungen von Phosphor und Kalium. Interessant war, daß bei den Wassergrabungen sich auch eine Ausgrabung von Altertümern hinzugesellte. Schwere Eichenstämme, die mindestens zweitausend Jahre alt waren, so hart wie Eisen und schwarz wie die umgebende Erde, kamen zum Vorschein. Alte Schöpf- und Trinkgefäße waren in großen Mengen an dieser Stelle, zum Teil mußten sie ein Alter von wenigstens zweitausendfünfhundert Jahren aufweisen, weil der Ton nicht gebrannt war. Auch Waffen, wie Dolche und Speerspitzen aus Eisen, Bronze und zum Teil auch alte Steinwaffen kamen zum Vorschein. Und der Hafer, den mein Bekannter an dieser Stelle gesät hatte, bekam Halme so dick wie Schilfrohr. Ohne Zweifel bestand einst an dieser Stelle ein alter heiliger Hain, an dessen Gesundheit bringender Quelle sich viele Menschen erlabten. Inzwischen hat auch schon eine behördliche Besichtigung dieser Quelle stattgefunden.

Ich wurde gebeten, den Zentralpunkt einer warmen Quelle, die nahe einem Dörfchen in der Eifel bemerkt worden war, mit der Rute zu suchen. Das Abschreiten eines ziemlich bergigen und waldigen Geländes nahm Zeit in Anspruch, doch gelang es mir, eine starke Quelle mit vielen metallischen und chemischen Verbindungen in einer Tiefe von etwa 70 Metern festzustellen. Die Rute schlug stark aus, so daß ich Mühe hatte, sie in den Händen zu halten. Ich mußte daraus schließen, daß es sich um eine heiße Quellader handele. An einer Stelle des Geländes entdeckte ich eine Überkreuzung von zwei gleichartigen Adern, deren eine 70, deren andere höchstens 30 Meter tief sein konnte. Die näher gelegene mußte, nach dem Ausschlag der Rute zu urteilen, kleiner sein und auch geringeren Druck haben. Die Nachgrabungen bzw. Bohrungen an dieser Stelle ergaben die Richtigkeit meines Rutengehens. Eine kleine Ader hatte geringere Tiefe als die große. Die letztere erwies sich als außerordentlich reichhaltig an heilenden Substanzen.

Interessant ist in diesem Zusammenhang auch eine Nachricht, die vor kurzem durch die Presse ging. Danach wurde das Wahrzeichen Heilbronns durch Wünschelrutengänger wieder aufgefunden. Unter dem Chor der Heilbronner Kilianskirche ist man auf die lange gesuchte Quelle des Kirchenbrunnens gestoßen. Mit den Bohrungen ist begonnen worden, nachdem *verschiedene Wünschelrutengänger übereinstimmend starke Wasservorkommen an dieser Stelle vorausgesagt hatten.* Auch das ist

wieder ein Beweis dafür, wie wertvoll die Wünschelrute im Dienste der Allgemeinheit sein kann.

Die Suche nach Erzadern geht in der gleichen
Weise vor sich wie das Rutengehen nach Wasser.
Nur ist dabei zu bedenken, daß diese Suche in groß-
zügigerer Weise vorzunehmen ist als bei Wasser.
Denn bei der Suche nach Erzen handelt es sich meistens um große und weite Gelände. Eine einwand-
freie Untersuchung eines größeren Geländes braucht
aber wenigstens einige Tage Zeit, ja, man muß zuweilen, je nach Ausdehnung des abzuschreitenden
Bodens, mit mehreren Wochen rechnen. Man kann
also nicht jedes Stückchen Boden „berühren", sondern man teilt sich das zu untersuchende Gelände
so ein, daß es wenigstens mehrere Male nach allen
Richtungen hin überschritten wird.

Am einwandfreiesten werden die Ergebnisse des
Rutengehens dann sein, wenn der Rutengänger sich
entschließt, je nach Beschaffenheit des zu suchenden
Metalles oder Elementes eine Rute zu wählen, deren
Stoffe in irgendwelchen verwandtschaftlichen Be-
ziehungen zu den gesuchten Stoffen stehen. So
kann man Gold, Platin und Kupfer mit einer
Kupferrute, Silber, Blei und Aluminium mit einer
Aluminiumrute und Eisen mit einer Stahl- oder
Eisenrute suchen. Die letztere eignet sich nach mei-
nen Erfahrungen auch sehr gut zur Feststellung von
Vorkommen von Kalium, Kalzium, Phosphor,
Schwefel, ebenso von Radium. Aber auch die Holz-
rute kann man beim Abschreiten nach letztgenann-
ten Stoffen wählen. Das Ergebnis wird immer ein

gutes sein, wenn der Rutengänger Erfahrung durch große Übung besitzt.

Ich gebe hiermit ein Beispiel praktischer Art für eine solche Rutensuche nach Bleierz. In einem hochgelegenen Eifeldistrikt waren mehrere Bleiwerke stillgelegt worden, weil der Abbau der Adern erledigt war und man nicht wußte, ob sich weitere Adern in der Gegend befanden. Man vermutete zwar, daß an einigen Orten noch Adern sein müßten, wußte jedoch nichts genaues. Da durch die Stilllegung der Werke große Armut und Arbeitslosigkeit in der Gegend herrschte, machte ich mich, trotz sehr harten winterlichen Wetters, an die Arbeit. Ich schnitt ein großes Gelände kreuz und quer mit der Aluminiumwünschelrute ab. Nach zwei Tagen konnte ich mit Bestimmtheit sagen, daß in einer Tiefe von 20 Metern an einigen leicht zu erreichenden Stellen Bleivorkommen in großer Stärke sein müssen. Die immer wiederholte Probe an diesen Plätzen ergab einen starken Ausschlag der Wünschelrute. Wichtig ist bei der Suche nach Erzadern, daß man vor Beginn des Rutenschreitens die Konzentration auf die gesuchte Metallart durchführt, damit unterbewußt nur diese Schwingungsart durch die Seele im eigenen Ich gebildet wird. Am besten führt man die Konzentration durch, indem man sich ein Stück Erz der genannten Art geben läßt, es während der Konzentration fixiert und dann „visualisiert", das heißt es innerlich erschaut. Ist das wirklich einwandfrei geschehen, dann möge der Rutengänger getrost an seine Arbeit schreiten. Es wird ihm ein guter Erfolg beschieden sein. Wenn der

Rutengänger auf diese Konzentration verzichtet, dann geschieht es leicht, daß er statt des Erzes eine Wasserader findet. Es gibt allerdings auch Rutengänger, die nur auf gewisse Erze oder Metalle reagieren; sie sind also gewissermaßen Spezialisten auf dem Gebiete des Rutengehens. Doch sind das Ausnahmen, die die Regel lediglich bestätigen, daß ein Rutengänger sich zum Suchen aller unterirdischen Quellen und Erzadern eignet.

Weitere Möglichkeiten für den Rutengänger

Haben wir bisher die Hauptaufgaben des Wünschelrutengängers einer Betrachtung unterzogen, so gelangen wir jetzt zu den Nebenmöglichkeiten, die für den Rutengänger erreichbar sind.

Vor allem ist es das Wesen von *Sympathie* und *Antipathie,* das der Rutengänger durch geschickte Handhabung seiner Rute festzustellen vermag.

Der Rutengänger nehme sich Personen vor, die er nicht kennt, und halte die Rute so, daß deren Spitze in der Gegend über dem Plexus solaris, zu deutsch: dem Sonnengeflecht, steht. Schlägt die Rute nach unten, zieht sie an, schlägt sie nach oben, stößt sie ab. Anziehung aber bedeutet Sympathie, Abstoßung dagegen Antipathie. Das Experiment ist an und für sich ganz einfach, aber nicht alle Rutengänger eignen sich dazu, es muß schon eine ganz besondere Begabung vorhanden sein, wenn man diese Art Untersuchungen mit Erfolg vornehmen will.

Leichter ist es, Sympathie und Antipathie durch den siderischen Pendel festzustellen. Wem es also mit der Wünschelrute nicht gelingt, hat hier noch eine zweite Möglichkeit. Pendel und Wünschelrute sind ja nahe miteinander verwandt, und ein guter

Rutengänger sollte auch mit dem Pendel umzugehen wissen. Literatur darüber gibt es eine ganze Menge. Besonders empfehlen kann ich: „Spiesberger, Der erfolgreiche Pendelpraktiker" oder auch mein eigenes Büchlein „Pendelpraxis und Pendelmagie"

Auch zur Feststellung von giftigen Stoffen und Pflanzen kann die Wünschelrute dienen. Das fällt ebenfalls in das Gebiet von Sympathie und Antipathie. Bei giftigen Pflanzen wird sich immer eine stark abstoßende Wirkung durch den Rutenschlag nach oben zeigen. Bei nichtgiftigen Pflanzen zeigt sich Anziehung (Sympathie) durch den Ausschlag in der Richtung der Pflanze. Man versuche das einmal ausführlich bei einem Spaziergang durch die Natur. Zur Übung lasse man sich von einem Partner Flaschen mit giftigen und ungiftigen Flüssigkeiten vorsetzen, dann wird sich ja herausstellen, ob Sie in der Lage sind, die giftigen von den ungiftigen richtig zu unterscheiden.

Im übrigen gilt auch hier das schon bei der Feststellung von Sympathie und Antipathie gesagte: der siderische Pendel eignet sich auch hierfür im allgemeinen besser als die Wünschelrute.

Ein weiteres Arbeitsgebiet für die Wünschelrute ist die Suche nach verlorenen Gegenständen, wobei man verschiedene Methoden anwenden kann. Vermag der Rutengänger sich während des Suchens nach dem Gegenstand auf diesen zu konzentrieren, das heißt vermag er das betreffende Objekt zu „visualisieren", so kann er das Suchexperiment allein ausführen. Im anderen Falle muß er das Abschreiten des Bodens, auf dem der verlorene Gegenstand sich befinden soll, in Begleitung derjenigen Person ausführen, die das Ding verloren hat.

Ein Beispiel hierfür: Eine Dame hat einen kostbaren Schildpattkamm auf einer Wiese verloren. Ich kenne weder die Form noch die Art des Kammes und bitte daher die Dame, mich auf meiner Suche mit der Wünschelrute zu begleiten und ihre Hand dabei leicht auf meine Schulter zu legen, dabei aber immer an den verlorenen Kamm zu denken. Die Wirkung war so, daß beim Überschreiten einer gewissen Stelle der Wiese die Wünschelrute stets ausschlug, ohne daß der Kamm direkt auf dem Boden gefunden werden konnte. Bemerken muß ich hierbei, daß an der Stelle einige Sträucher vorhanden waren. Nachdem stets an der gleichen Stelle der Rutenausschlag erfolgte, stellte es sich schließlich heraus, daß der verlorene Kamm sich im Gezweig des Busches verfangen hatte.

Auch die Echtheit von Bildern und Handschriften kann auf die gleiche Weise mit der Wünschelrute untersucht werden wie die der Feststellung von Sympathie und Antipathie. Doch nur der sehr geübte Rutengänger wird hierbei etwas erreichen können.

Die hier angegebenen Nebenmöglichkeiten für den Rutengänger habe ich gegeben, um dem Interessenten weitere Anregungen zu Versuchen aufzuzeigen. Diese Beispiele ließen sich noch beliebig erweitern. Der Leser wird sicher selbst noch Gebiete finden, bei denen er die Wünschelrute zu Rate ziehen kann.

Ich möchte jedoch davor warnen, die Möglichkeiten mit der Wünschelrute zu überfordern. Jeder Rutengänger muß sich über die Grenzen, die ihm nun einmal gesetzt sind, im klaren sein. Sollten Menschen an ihn herantreten, die Unmögliches von ihm verlangen, muß er sie aufklären. Zu vielem ist die Wünschelrute imstande, aber hellsehend ist sie nicht!

Es gibt auch eine Wünschelrute in der Natur, die der Beobachtung der meisten Menschen entgeht. Sehr oft kann man bei der Wanderung durch Wald und Flur, durch Gebirg und Tal bemerken, daß an gewissen Stellen ein Birkenbaum oder auch eine Erle ganz schief gewachsen ist. Die Äste und Zweige streben zur Erde, der Stamm steht in einer Neigung von mindestens 60 Grad (statt rechtwinklig mit 90 Grad) über dem Boden.

Wenn der Wünschelrutengänger das sieht, so möge er einmal die Probe aufs Exempel machen. Er wird überrascht sein, daß gerade an diesen Stellen des Erdbodens die Rute einen starken Ausschlag ergibt, daß also entweder Wasser oder irgendeine Erzader unterirdisch vorhanden ist. In den meisten Fällen wird es sich um Wasserläufe unterirdischer Art handeln. So gibt auch die Natur dem Wünschelrutengänger ein Bild der Empfindlichkeit von Baum und Pflanzen gegenüber den Dingen, die sich unter der Oberfläche unserer alten Mutter Erde abspielen.

Die Wünschelrute im Dienste der Heilkunde

Die Feststellung krankhafter Ausstrahlungen des menschlichen Körpers wäre eine weitere dankbare Aufgabe für den Rutengänger, jedoch ist dieses Gebiet noch zu wenig erforscht, um schon endgültiges sagen zu können.

Eine Untersuchung könnte etwa so ausgeführt werden: Die Wünschelrute wird über den Kopf des liegenden Patienten gehalten. Dabei konzentriert man sich auf die Untersuchung der Ausstrahlungen des Kranken. Sodann wird die Spitze der Rute langsam in einer Entfernung von 50 Zentimetern über den Körper des Patienten geführt. Ist der Körper an irgendeiner Stelle erkrankt, so wird die Rute einen abstoßenden Ausschlag zeigen, wodurch eine krankhafte, unsympathische Strahlung des kranken Körpers bzw. des erkrankten Körperteiles festgestellt wurde. Eine weitere Untersuchung anderer Art soll dann dem Arzt oder Heiler überlassen bleiben. Oft genügt ja ein Hinweis dieser Art, um dem Heilenden ein klares Bild der Erkrankung zu vermitteln.

Diese Art der Ruten-Untersuchungen darf aber nur in Verbindung mit einem Arzt oder Heilpraktiker vorgenommen werden. Auch darf die Diagnose nicht durch den Ausschlag der Rute *allein* gestellt werden. Es müssen auch andere Diagnose-Möglichkeiten mit herangezogen werden, und erst dann, wenn andere Arten der Diagnosestellung das gleiche Ergebnis gebracht haben, kann ein endgültiges Urteil abgegeben werden.

Die Wünschelrute ist ein wunderbares Instrument in der Hand eines begabten Menschen auch in der Heilkunde, sie darf aber nie allein stehen und — wie schon gesagt — immer nur in Zusammenarbeit mit dem Arzt oder Heilpraktiker zur Diagnosestellung verwendet werden.

Ein Rutengänger, der sich in der Heilkunde betätigt, ohne Arzt oder Heilpraktiker zu sein, verstößt gegen das Gesetz und muß, wenn er angezeigt wird, mit einer empfindlichen Strafe rechnen!

Das idealste ist natürlich, wenn der Arzt oder Heilpraktiker selbst ein guter Rutengänger ist. Leider wurden aber die großen Möglichkeiten hier von den maßgebenden Persönlichkeiten noch nicht genügend erkannt, und nur ganz wenige Ärzte und Heilkundige verstehen auch mit der Wünschelrute umzugehen und sie in den Dienst der Hilfe an der leidenden Menschheit einzustellen.

Unter dieses Kapitel fallen auch die sogenannten Entstrahler, welche die schädlichen Wirkungen der Erdstrahlen neutralisieren beziehungsweise sammeln und dann wieder in die Erde ableiten sollen!

Leider sind diese Entstrahler oft sehr teuer. Bevor nun der Rutengänger die Aufstellung eines solchen Gerätes empfiehlt, muß er sich vorher von dessen Brauchbarkeit überzeugt haben. Er hüte sich

davor, etwa selbst einen Entstrahler „zusammen-
zubasteln", wenn er nicht ein umfangreiches physi-
kalisches und biologisches Wissen besitzt. Der Anfänger lasse auf alle Fälle die Finger davon und
überlasse derartige Arbeiten den erfahrenen Rutengängern, bis er selbst einmal soweit ist. Die Prozesse
der letzten Zeit haben gezeigt, daß die Gerichte mit
Recht nicht mit sich spaßen lassen, wenn festgestellt
wird, daß ein „smarter Geschäftsmann" versucht,
leichtgläubige Menschen „übers Ohr zu hauen".

Erdstrahlen und ihre Wirkung

Die Erdstrahlen sind das umstrittenste Gebiet der ganzen Wünschelruten-Kunde. Auch hier gibt es eine ganze Reihe Theorien, und es ist darüber schon soviel für und wider geschrieben worden, daß ich hier darauf verzichten möchte, das alles noch einmal zu wiederholen. Wer sich dafür interessiert, wird sicher manche Bücher finden, die speziell die Erdstrahlen behandeln.

Interessant ist aber der Bericht des Chefarztes der Bayreuther Kinderklinik, Dr. Beck. Dieser Arzt und Forscher, der erst kürzlich durch eine Arbeit über die Zusammenhänge zwischen den Atombombenversuchen und der Zunahme der Mißgeburten einiges Aufsehen erregte, hatte als Rutengänger eine starke Reizzone entdeckt, die mitten durch das Bayreuther Kinderkrankenhaus verläuft. In einer großen Versuchsreihe machte nun Dr. Beck Diagramme von herzkranken Kindern sowohl in der gefundenen Reizzone wie auf normalem Boden. Das Ergebnis legte er jetzt bei der Tagung der Rutengänger in München vor. Bei allen Kindern zeigte das Reizzonen-Diagramm erhebliche Herzstörungen.

Dadurch ist der Beweis dafür erbracht, daß Erdstrahlen tatsächlich das Geschehen des Körpers beeinflussen und möglicherweise auch die Gesundheit von Mensch und Tier gefährden und auch auf Pflanzen einen negativen Einfluß ausüben.

Als weiterer Beweis für die Existenz der Erdstrahlen können auch die Versuche gelten, die von den Schweizern Dr. Jenny, Dr. Stauffer und Ing. A. Oehler mit Mäusen vorgenommen wurden.

Hierzu wurden Kästen verwendet, deren eine Seite auf einer Reizzone stand, also bestrahlt war, während die andere Seite der Kiste unbestrahlt blieb. Die Mäuse hatten nun die Wahl, die bestrahlte oder unbestrahlte Seite der Kiste aufzusuchen. Sie siedelten sich aber sofort im unbestrahlten Teil an. Die Kisten wurden dann umgedreht, so daß die Tiere wieder der Strahlung unterworfen waren. In wenigen Tagen übersiedelten die Mäuse dann wieder in den unbestrahlten Teil. Sie schafften innerhalb von zwei Tagen Nester und Junge wieder in die neutrale Zone. Dieser Versuch wurde mehrmals wiederholt. In dreijährigen, ganz exakten Beobachtungen kamen die Forscher zu folgenden Ergebnissen:

1. Daß eine Beeinflussung gewisser Pflanzen durch Erdstrahlen stattfindet;

2. daß die weiße Maus die Reizzonen im allgemeinen meidet;

3. daß das Teerkarzinom (Krebsgeschwulst) der weißen Maus über Reizzonen eine schnellere Entwicklung und einen maligneren (bösartigen) Verlauf zeigt;

4. daß durch verschiedene Abschirmvorrichtungen bei den Tierversuchen sich der Effekt der Erdstrahlen aufheben läßt.

Die Untersuchung nach Erdstrahlen in Häusern, Wohnungen, Ställen oder auch im Freien erfolgt in der gleichen Weise wie das Aufsuchen von Wasseradern. In den meisten Fällen wird die Ausstrahlung auch von einer Wasserader herrühren. Diese Untersuchungen sollten aber nur von geschulten und erfahrenen Rutengängern vorgenommen werden. Will der Anfänger zur Übung Versuche damit machen, sollte er sich aber hüten, anderen gegenüber ein Urteil abzugeben, bevor er nicht über die Feinheiten und Unterschiedlichkeiten der Rutenausschläge genau Bescheid weiß.

Nicht umsonst ist das Thema „Erdstrahlen" so umstritten, vor allem auch, weil verantwortungslose Elemente damit ein großes Geschäft machen wollten, indem sie an allen möglichen und unmöglichen Stellen angeblich Erdstrahlen festgestellt haben, nur um dann mehr oder weniger wirkungslose und wertlose Entstrahlungsgeräte für teueres Geld verkaufen zu können. Was das dem Ansehen der Rutengänger geschadet hat, läßt sich gar nicht absehen. Darum — Vorsicht bei Untersuchungen auf diesem Gebiet!

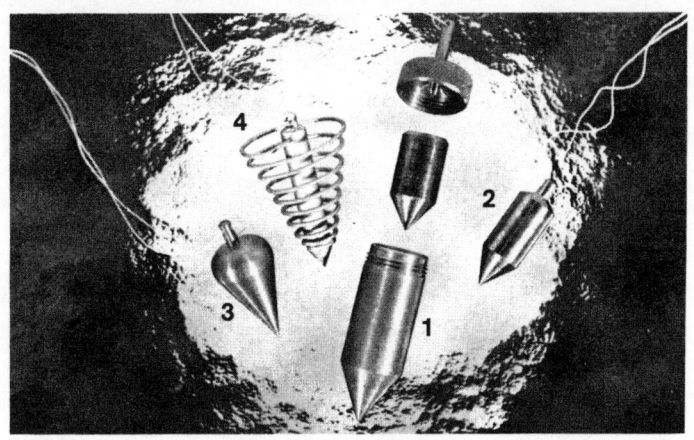

1 BAUERS UNIVERSAL-MESSINGPENDEL, bestehend aus drei Teilen: Geländependel, Normalpendel und Füllpendel.
Länge zus. 4,5 cm, Gewicht zus. ca. 50 g   Best.-Nr. 2025

2 BAUERS SPEZIAL-MESSINGPENDEL in Senklotform. Für Anfänger und Fortgeschrittene ein gutes Pendel. Für alle Pendelexperimente geeignet. Exakt und leicht im Ausschlag.
Länge 2,5 cm, Gewicht ca. 15 g   Best.-Nr. 2026

3 BAUERS MIMOSAPENDEL. Sehr empfindliches Pendel aus Messing. Anwendbar bei allen Arbeiten im menschlichen, tierischen, pflanzlichen oder sonstigen Bereich.
Länge 3,5 cm, Gewicht ca. 25 g   Best.-Nr. 2027

4 BAUERS SPIRALPENDEL. Experimentell vielfach erprobt, 6-fach verstärkter Ausschlag – besonders geeignet für sensible Menschen zu feinstofflichen und spirituellen Ansprechungen.

Länge ca. 4 cm, Gewicht ca. 13 g

FEINSILBER Best.-Nr. 2029
KUPFER Best.-Nr. 2030
MESSING Best.-Nr. 2031

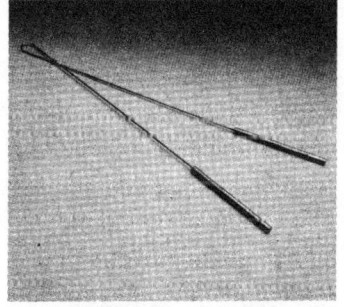

BAUERS STAHL WÜNSCHELRUTE. Vielfach in der Praxis erprobt; mit sehr gutem Ausschlag. Griffe aus Kupfer, Länge ca. 35 cm   Best.-Nr. 2032

VERLAG HERMANN BAUER · FREIBURG IM BREISGAU

Die neuen Dimensionen des Bewußtseins

esotera

seit vier Jahrzehnten das führende Magazin für Esoterik und Grenzwissenschaften: Jeden Monat auf 100 Seiten aktuelle Reportagen, Hintergrundberichte und Interviews über **Neues Denken und Handeln**
Der Wertewandel zu einem erfüllteren, sinnvollen Leben in einer neuen Zeit.
Esoterische Lebenshilfen
Uralte und hochmoderne Methoden, sich von innen heraus grundlegend positiv zu verändern.
Ganzheitliche Gesundheit
Das neue, höhere Verständnis von Krankheit und den Wegen zur Heilung – und vieles andere.

Außerdem: ständig viele aktuelle Kurzinformationen über **Tatsachen die das Weltbild wandeln.** Sachkundige Rezensionen in den Rubriken **Bücher, Klangraum, Film und Video** sowie **Alternative Angebote.** Im **Kursbuch** viele Seiten Kleinanzeigen über einschlägige **Veranstaltungen, Kurse und Seminare** in Deutschland, Österreich, der Schweiz und im ferneren Ausland.

esotera erscheint monatlich.
Probeheft kostenlos bei Ihrem Buchhändler oder direkt vom Verlag Hermann Bauer KG, Postfach 167, 79001 Freiburg